AF193982

Impressum
Verlag: BABADADA GmbH, Nedderfeld 112 , 22529 Hamburg
Geschäftsführer / Verlagsleitung: Harald Hof
Druck: Books on Demand GmbH, In de Tarpen 42, 22848 Norderstedt

Imprint
Publisher: BABADADA GmbH, Nedderfeld 112 , 22529 Hamburg, Germany
Managing Director / Publishing direction: Harald Hof
Print: Books on Demand GmbH, In de Tarpen 42, 22848 Norderstedt, Germany

ቤት-ትምህርቲ
学校

ክፍሊ ክላስ
教室
መቀለ
除
186/2
黑板
መምህር
老师
ወረቐት
纸
书写
መጽሓፊ
钢笔
ጣውላ ምጽሓፍ
办公桌
መስመር
直尺
መጽሓፍ
书
ተመሃራይ
学生

ሳንጣ ትምህርቲ

书包

ስፈር ብርዒ

铅笔盒

ርሳስ

铅笔

መብልሒ ርሳስ

卷笔刀

መደምሰሲ

橡皮擦

ጥራዝ ስእሊ

画板

ስእሊ

图画

ብርዒ ቀለም

画笔

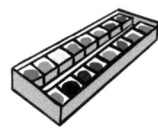

ቦክስ ቀለም

颜料盒

መቐስ

剪刀

መጣበቒ

胶水

ጥራዝ መላመዲ

练习册

ዕዮ ገዛ

家庭作业

12

ቁጽሪ

数字

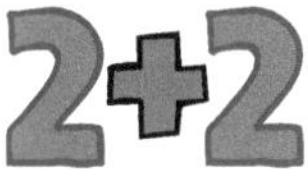

2+2

ወሰኸ

加

5-2

ጎደለ

减

2×2

ረብሐ

乘

ደመረ

计算

A

ፊደል

字母

ABCDEFG
HIJKLMN
OPQRSTU
VWXYZ

ስርዓት ፊደላት

字母表

hello

ቃል

字

ጽሑፍ

课文

ኣንበበ

读

ኩርሽ

粉笔

ሰዓት

上课

መዝገብ ክላስ

登记

መርመራ

考试

ሰርቲፊከት

证书

ድቢዛ ቤትትምህርቲ

校服

ትምህርቲ

教育

ለክሲኮን

百科全书

ዩኒቨርሲቲ

大学

ሚክሮስኮፕ

显微镜

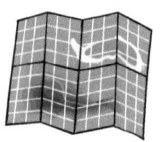

ካርታ

地图

ጎሓፍ ወረቐት

废纸筐

酒店
ሆስተል
青年旅社
ቦታ ቅያር ገንዘብ
ባሊጃ
手提箱
መኪና
汽车

ቋንቋ

语言

እወ / ኖ

是/否

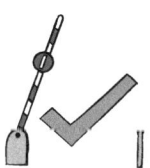

ሕራይ

好的

ሰላም

您好

ኣስተርጓሚ

翻译员

የቐንየለይ

谢谢

. . . ክንደይ ዋግኡ?

……多少钱？

ኣይተረድኣኹን

我不明白

ሽግር

问题

ሰላም ምሸት!

晚上好！

ከመይ ሓዲርካ

早上好！

ሰላም ለይቲ

晚安！

ደሓን ኩን

再见

ኣንፈት

方向

ጕዓዝ

行李

ሳንጣ

包

ሳንጣ ሕቑ

双肩包

ጋሻ

客人

ክፍሊ

房间

ክሻ መደቀሲ

睡袋

ቴንዳ

帐篷

ሓበሬታ በጻሕቲ ሃገር

旅游信息

ገምገም ባሕሪ

海滩

ክረዲት ካርድ

信用卡

ቁርሲ

早餐

ምሳሕ

午餐

ድራር

晚餐

ቲከት

票

ሊፍት

电梯

ማሕተም ደብዳበ

邮票

ዶብ

边界

ድንና

海关

ኣምበሲ

大使馆

ቪዛ

签证

ፓስፖርት

护照

መጓዓዝያ

交通运输

ነፋሪት
飞机
መርከብ
船
መኪና መጥፋኢ
ሓዊ
消防车
ናይ ጽዕነት መኪና
卡车
公交车
ጃልባ ሞቶር
汽艇
መኪና
汽车
ብሽግለታ
自行车

ፈሪ

摆渡船

ጃልባ

小船

ሞቶ

摩托车

መኪና ፖሊስ

警车

መኪና ቅድድም

赛车

ክራይ መኪና

租车

ምውፋይ መካይን

....

拼车

መወሰዲ መኪና

....

拖车

መኪና ጎሓፍ

....

垃圾车

ሞቶር

....

发动机

ነዳዲ

....

汽油

እንዳ ነዳዲ

....

加油站

ምልክት ትራፊክ

....

交通标志

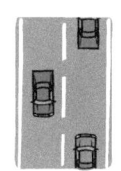

ትራፊክ

....

交通

ምጭቕጫቕ ትራፊክ

....

交通堵塞

መዐሸጊ መኪና

....

停车场

መዕረፊ ባቡር

....

火车站

ሓዲግ

....

轨道

ባቡር

....

火车

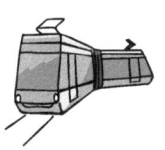

ትረም

....

电车

ባጎኒ

....

货车

ሄሊኮፕተር

直升机

መዓረፊ ነፈርቲ

机场

ታወር

塔

ተጐዓዚ

乘客

ኮንተይነር

集装箱

ሳንዱቕ ካርቶን

纸板箱

ኮርሳ ጽዕነት

手推车

ዘንቢል

篮子

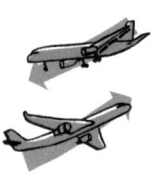

ተበገሰ / ዓለበ

起飞/降落

ከተማ

城市

ቍሸት

村庄

ማእከል ከተማ

市中心

ገዛ

房子

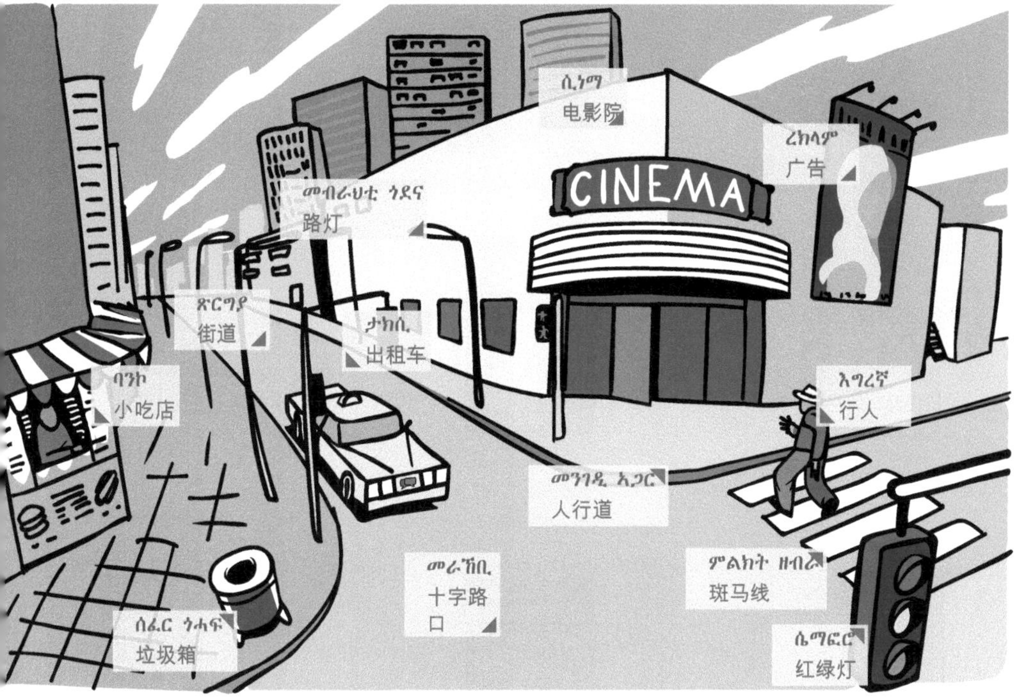

ሲነማ
电影院
ረክላም
广告
CINEMA
መብራህቲ ጎደና
路灯
ጽርግያ
街道
ታክሲ
出租车
ባንኮ
小吃店
እግረኛ
行人
መንገዲ ኣጋር
人行道
መራኸቢ
十字路口
ምልክት ዘብራ
斑马线
ሰፈር ጎሓፍ
垃圾箱
ሴማፎር
红绿灯

ኣጉዶ

小屋

ኣፓርትመንት

公寓

መዕረፊ ባቡር

火车站

ቤት ምምሕዳር

市政厅

MUSEUM

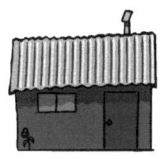

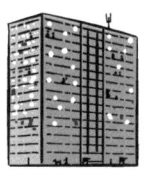

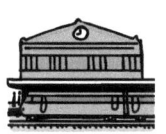

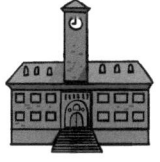

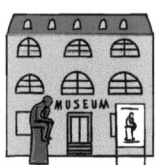

ቤተ መዘክር

博物馆

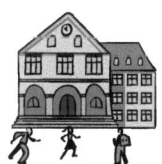

ቤት-ትምህርቲ

学校

ዩኒቨርሲቲ

大学

ባንክ

银行

ሆስፒታል

医院

መቐበሊ ኣጋይሽ

酒店

ቤት መድሃኒት

药房

ቤት ጽሕፈት

办公室

ዱኳን መጽሓፍቲ

书店

ዱኳን

商店

ዱኳን ዕንባባ

花店

ሱፐርማርክት

超市

ዕዳጋ

市场

ሹቕ

百货商店

ነጋዳይ ዓሳ

鱼店

ሹቕ

购物中心

መርሳ

海港

መዘናግዒ

公园

ባንኪ

长凳

ድልድል

桥

መደያይቦ

楼梯

ባቡር ትሕቲ ምድሪ

地铁

ቢንቶ

隧道

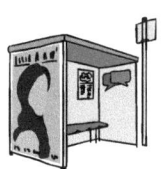

መዕረፊ ኣውቶቡስ

公交车站

ቤት መስተ

酒吧

ቤት-መግቢ

餐馆

ሰታሪት

邮筒

ታቤላ

路标

ሰዓት ፓርኪንግ

停车计时器

መካነ እንስሳታት

动物园

መሓምበሲ

游泳馆

መስጊድ

清真寺

ቤት ሕርሻ

农场

ብከላ

污染

መቓብር

墓地

ቤተክርስትያን

教堂

ቦታ ምጽዋት

操场

ቤት መቕደስ

寺庙

ስእሊ መሬት
地形

አቝጽል-ቅጽ
树叶

መሕበሪ መገዲ
指示牌

መገዲ
路

ሻኻ
草地

እምኒ
石头

ኮብላሊ
徒步旅行者

አግራብ
树

ፈለግ
河

ሰዓር
草

ዕንባባ
花

ስንጭሮ

峡谷

ጎቦ

山

ቀላይ

湖

ዱር

森林

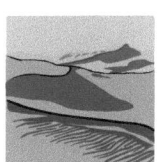

ምድረ በዳ

沙漠

እሳተ-ጎመራ

火山

ግምቢ

城堡

ቀስተ-ደመና

彩虹

ቃንጥሻ

蘑菇

ዓርኮብኮባይ

棕榈树

ጣንጡ

蚊子

ሃመማ

苍蝇

ጻጸ

蚂蚁

ንህቢ

蜜蜂

ሳሬት

蜘蛛

ሕንጢዝ

甲虫

ዕንቅርዖብ

青蛙

ምጽጹላይ

松鼠

ቅንፍዝ

刺猬

ማንቲለ

野兔

ጉንጓ

猫头鹰

ጭሩ

鸟

ስዋን

天鹅

መፍለስ

野猪

ዓጋዘን

鹿

ሙስ

麋鹿

ግድብ

水坝

ተርባይን ንፋስ

风力发电机

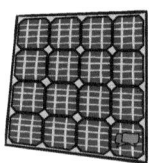

ሶላር ስርሓት

太阳能电池板

ኩነታት ኣየር

气候

አስላፊ
服务员

ክርታ
መግብታት
菜单

መንበር
椅子

መረቅ
汤

ፒትሳ
披萨饼

ክዳን ጣውላ
桌布

መመታተሪ
餐具

ቅድመ ቀንዲ መግቢ
前菜

ቀንዲ መአዲ
主菜

ድሕረ መግቢ
甜点

መስተ
饮料

መግቢ
食物

ጥርሙዝ
瓶子

ስሉጥ መግቢ

快餐

መግቢ ጽርግያ

街边小吃

ብርጭቆ ሻሂ

茶壶

ታኒካ ሽኮር

糖盒

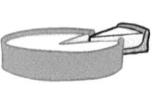

ክፋል

一份饭菜

ማሺን ኤስፕረሶ

意式咖啡机

ነዊሕ መንበር

高脚椅

ጸብጻብ

账单

ታብለት

托盘

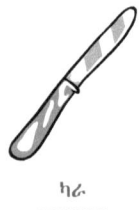

ካራ

刀

ፋርኪታ

餐叉

ማንካ

勺子

ማንካ ሻሂ

茶匙

ሰርቭየተ

餐巾

ብኬሪ

玻璃杯

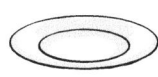

ሸሓኒ

碟子

ሸሓኒ መረቕ

汤盘

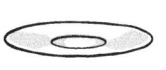

ትሕቲ ኩባያ

碟子

ጸብሒ

酱

ወሃቢ ጨው

盐瓶

መጥሓን በርበረ

胡椒磨

ኣቻቶ

醋

ዘይቲ

食用油

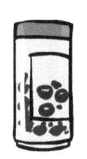

ቀመም

调味料

ከቹፕ

番茄酱

ኣድሪ

芥末

ማዮኒዝ

蛋黄酱

ሱፐርማርኬት

超市

特价
FOR
顾客
ፍርያታት ጸባ
乳制品
水果
购物车

እንዳ ስጋ

肉铺

እንዳ ባኒ

面包房

ክብደት

称重

ኣሕምልቲ

蔬菜

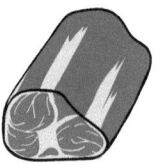

ስጋ

肉

መግቢ ፍሪጅ በረድ

冷冻食品

ዝሑል ቅሩብ መግቢ

冷盘

እስቃጥላ

罐头食品

ኦሞ

洗衣粉

ምቁር መግቢ

甜食

ዘቤታውያን ኣቕሑ

日用品

ናውቲ መጸረዪ

清洁用品

ሸቃጣይ

销售員

ካሳ

收银机

ተሓዝ ገንዘብ

收银员

ዝርዝር ምግዛእ

购物清单

ክፉት ሰዓታት

开放时间

ማሕፉዳ

钱包

ክረዲት ካርድ

信用卡

ሳንጣ

袋子

ፌስታል

塑料袋

መስተ
饮料

ማይ

水

ጽማቑ

果汁

ጸባ

牛奶

ኮላ

可乐

ነቢት

红酒

ቢራ

啤酒

ኣልኮል

酒

ካካው

可可

ሻሂ

茶

ቡን

咖啡

ኤስፕረሶ

意式浓缩咖啡

ካፑቺኖ

卡布奇诺

食物

ባናና

香蕉

ቱፋሕ

苹果

ኣራንሺ

橙子

ብርጭቕ

西瓜

ለሚን

柠檬

ካሮት

胡萝卜

ጻዕዳ ሽጉርቲ

大蒜

ባምቡስ

竹子

ሽጉርቲ

洋葱

ቅንጥሻ

蘑菇

ፉል

坚果

ፓስታ

面条

ስፓገቲ

意大利面条

ሩዝ

米饭

ሰላጣ

沙拉

ቅልዋ ድንሽ

薯条

ቅሉው ድንሽ

炸土豆

ፒትሳ

披萨饼

ሃምቡርገር

汉堡包

ፓኒኖ

三明治

ቢስተካ

炸猪排

ሰለፍ ሓሰማ

火腿

ሳላሚ

萨拉米

ግዕዝም

香肠

ደርሆ

鸡肉

ቀለወ

烤肉

ዓሳ

鱼

ገዓት

燕麦片

ሙስሊ

穆兹利

ኮርንፍለይክስ

玉米片

ሓርጭ

面粉

ክሮሶን

羊角面包

ባኒ

面包卷

ባኒ

面包

ቶስት

烤面包

ብሽኮቲ

饼干

ጠስሚ

黄油

ርግኦ

凝乳

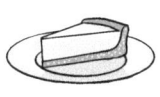

ፓስተ

蛋糕

እንቋቑሖ

蛋

ቅሉው እንቋቑሖ

煎蛋

ፋርማጆ

奶酪

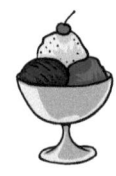

አይስ ክሪም

冰激凌

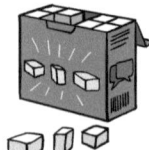

ሽኮር

糖

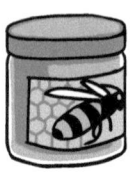

መዓር

蜂蜜

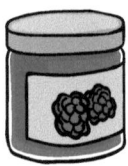

ጀም

果酱

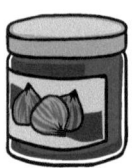

ኑጋት-ክረም

巧克力酱

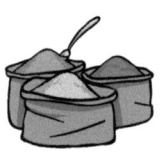

ኩሪ

咖喱饭

ቤት ሕርሻ

农场

መኽዘን
粮仓
ሓሰር ቦንዳ
稻草捆
ግራት
田野
ፈረስ
马
ተስሓቢ
拖车
ትራክተር
拖拉机
ዒሉ
马驹
驴
በጊዕ
羊
ዕየት
羔羊

ጤል

山羊

ብዕራይ

奶牛

ምራኽ

牛犊

ሓሰማ

猪

ውላድ ሓሰማ

小猪

ኣርሓ

公牛

ዓዓ

鹅

ማይ ደርሆ

鸭

ጫቑት

小鸡

ደርሆ

母鸡

ኣርሓ ደርሆ

公鸡

ኣንጨዋ ዓባይ

鼠

ድሙ

猫

ኣንጭዋ

老鼠

ብዕራይ

牛

ከልቢ

狗

ኣጉዶ ከልቢ

狗屋

ቱባ ጀርዲን

花园浇水软管

መዝፈፊ ማይ

洒水壶

ዓቢ ማዕጺድ

长柄大镰刀

ማሕረሻ

犁

ማዕጺድ

镰刀

ሜኽሮ

锄头

መስአ

长柄草耙

ፋስ

斧头

ዓረብያ ኢድ

独轮手推车

ጋብላ

饲料槽

ብርጭቆ ጸባ

牛奶罐

ክሻ

麻布袋

ሓጹር

栅栏

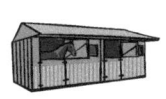

መንሰስ

马厩

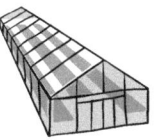

ቅጠልያ ገዛ

温室

ባይታ

土壤

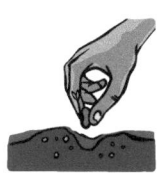

ዘርኢ

种子

ድኹዒ

肥料

ዘጣምር ቀውዓይ

联合收割机

ቀውዐ

收割

ጻማ

收割

ድንሽ ያም

山药

ስርናይ

小麦

ሶያ

大豆

ድንሽ

土豆

ዕፉን

玉米

ራፕስ

油菜籽

ገረብ ፍረታት

果树

ማኒኦክ

树薯

ኣእኻል

谷物

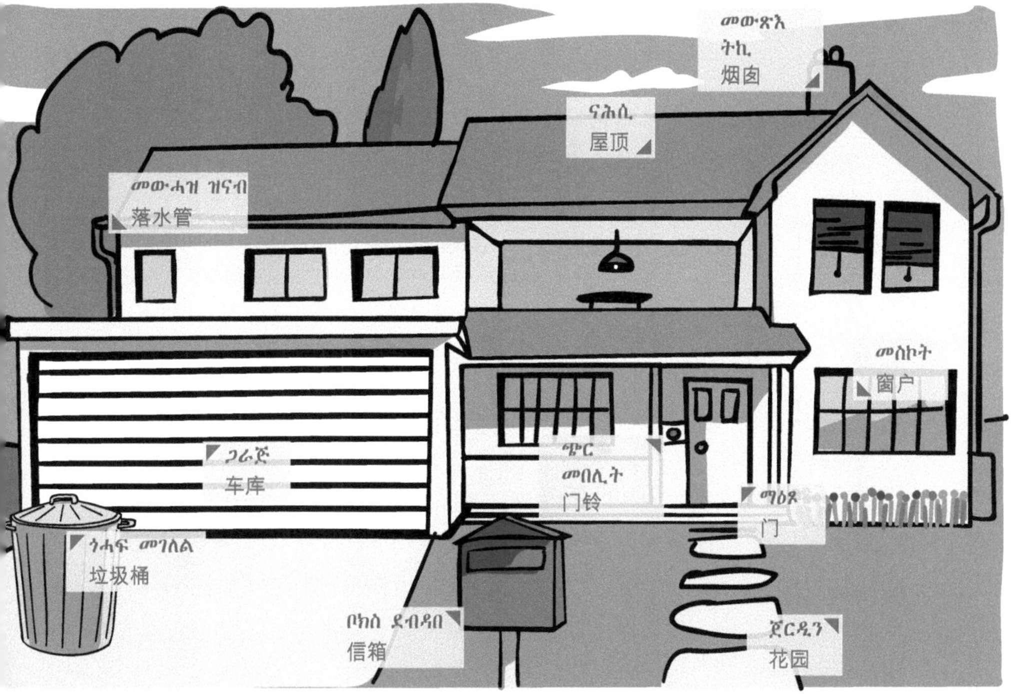

房子

መውጽእ ትኪ
烟囱
ናሕሲ
屋顶
መውሓዝ ዝናብ
落水管
መስኮት
窗户
ጋራጅ
车库
ጭር መበሊት
门铃
ማዕጾ
门
ጎሓፍ መገለል
垃圾桶
ቦክስ ደብዳበ
信箱
花园

ክፍሊ ምቕማጥ

客厅

ክፍሊ ባንዮ

浴室

ክሽነ

厨房

ክፍሊ መደቀሲ

卧室

ክፍሊ ቆልዑ

儿童房

መመገቢ ክፍሊ

餐厅

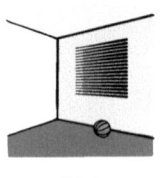

ባይታ

地板

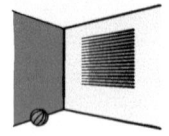

መንደቕ

墙壁

ከቦርታ

吊顶

ካንቲና

地窖

ሳውና

桑拿

ባልኮን

阳台

ዛላ

露台

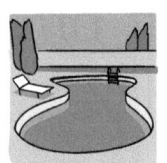

መሕምበሲ

游泳池

መቑረጺ ሳዕሪ

割草机

ኣንሶላ ዓራት

被单

ከቦርታ ዓራት

床罩

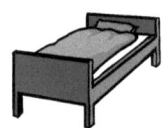

ዓራት

床

መኾስተር

扫帚

መገለል

水桶

መወልዒት

开关

ክፍሊ ምቕማጥ

客厅

ወረቐት መንደቕ
壁纸
ስእሊ
照片
ላምፓ
台灯
ከብሒ
搁架
ከብሒ
橱柜
ተለቪዥን
电视机
መውጽኢ ትኪ ኣብ ገዛ
壁炉
ዕንባባ
花
መተርኣስ
垫子
ሳሎን
沙发
花瓶
ሪሞት
遥控器

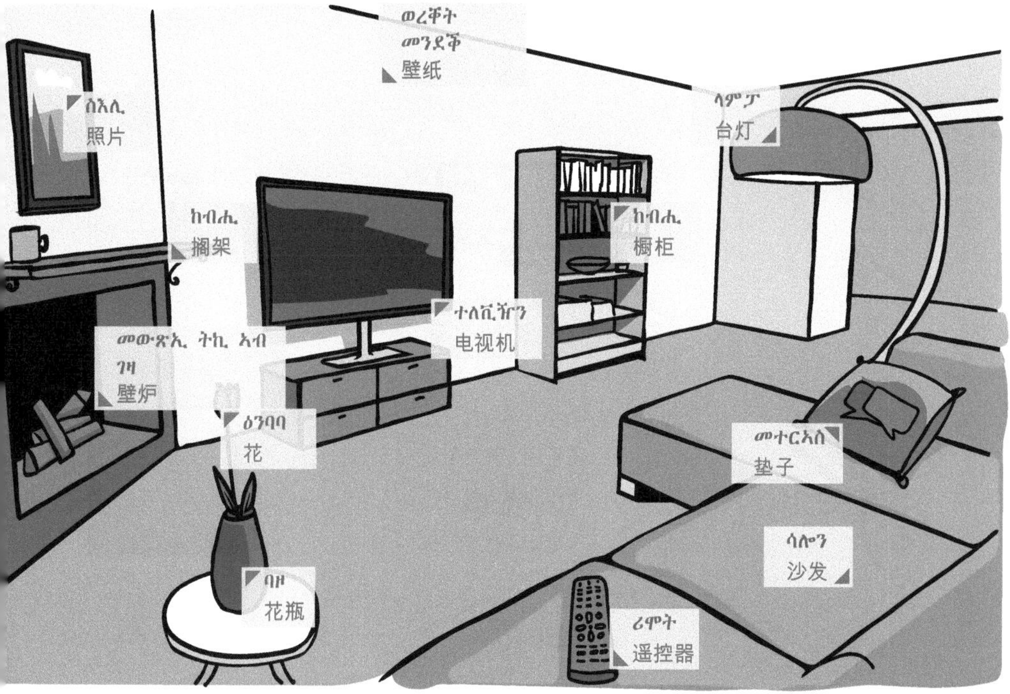

መንጸፍ

地毯

መጋረጃ

窗帘

ጣውላ

餐桌

መንበር

椅子

ሰለል ዝብል መንበር

摇椅

መንበር ምቹእ

扶手椅

መጽሓፍ

书

ከቦርታ

毯子

ስልማት

装饰品

እንጨይቲ ሓዊ

木柴

ፊልም

电影

ስተረዮ

高保真音响

መፍትሕ

钥匙

ጋዜጣ

报纸

ቅብኣ

油画

ፖስተር

海报

ረድዮ

收音机

ጥራዝ

笔记本

መልገሲ ደሮና

吸尘器

በለስ

仙人掌

ሽምዓ

蜡烛

厨房

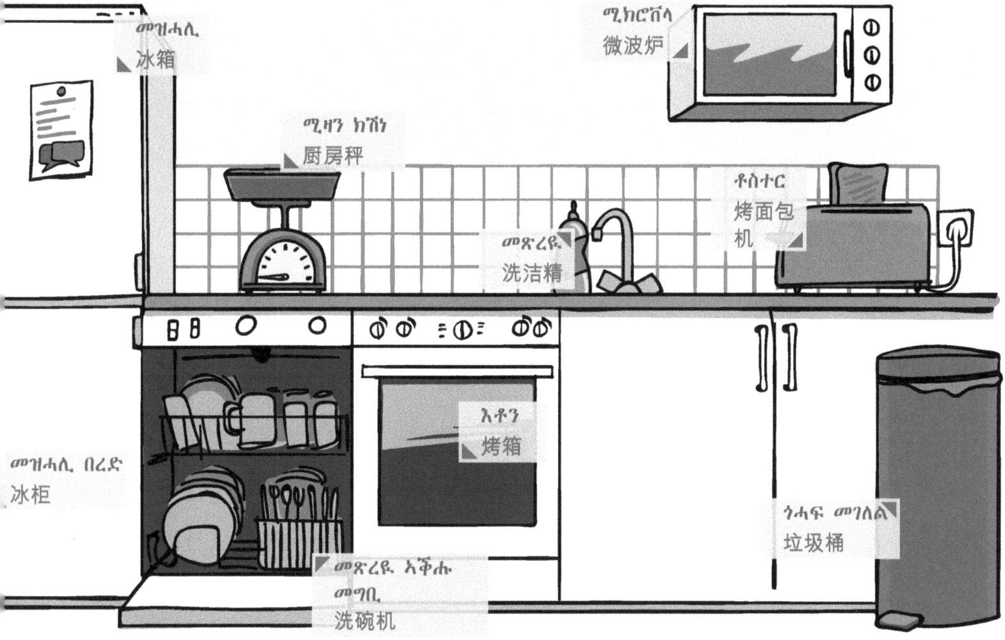

መዝሓሊ
冰箱
ሚክሮቨላ
微波炉
ሚዛን ክሽነ
厨房秤
烤面包机
መጽረዪ
洗洁精
እቶን
烤箱
መዝሓሊ በረድ
冰柜
ጎሓፍ መገለሊ
垃圾桶
መጽረዪ ኣቕሑ መግቢ
洗碗机

መኽሸኒ

炊具

ድስቲ

锅

ድስቲ ሓጺን

铸铁锅

ቮክ/ካዳይ

炒锅

ባደላ

平底锅

መውዓዪ ማይ

水壶

መፍልሒ

蒸锅

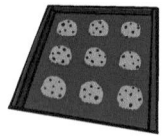

ጓንቴራ ምስንካት

烤盘

ኣቕሑ መግቢ

陶瓷锅

ብርጭቆ

马克杯

ጭሖሎ

碗

ማንካቺና

筷子

ማንካ መረቕ

长柄勺

መገልበጢ ባደላ

铲子

መኾስተር ውርጪ

搅拌器

መንፊት መግቢ

滤网

መንፊት

筛子

መፋሕፍሒ

磨碎机

ሞርታር

研钵

ባርቢክዩ

烧烤

ስፍራ ሓዊ

明火

እንጨይቲ ምምታር

菜板

እንጨይቲ ኰረር

擀面杖

መኽፈት ቡሽ

开瓶器

ታኒካ

罐子

መኽፈቲ ታኒካ

开罐器

ጨርቂ ድስቲ

隔热手套

ቡምባ

水槽

ኣስባስላ

刷子

ሰፍነግ

海绵

ሓዋሲ ኣደባላቒ

搅拌机

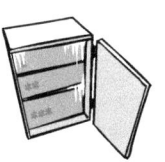

መዝሓሊ በረድ

冷藏箱

ጥርሙዝ ማማይ

奶瓶

ቡምባ ማይ

水龙头

ክፍሊ ባንዮ

浴室

供暖设备
毛巾
መሕጸቢ ሻወር
淋浴
ሻወር መጋረጃ
浴帘
መሕጸቢ ዓፍራ
泡沫浴
ባንዮ መሕጸቢ
浴缸
ብኬሪ
玻璃杯
ሓጻቢት
洗衣机
瓷砖
ቡምባ ማይ
水龙头
ድስቲ
便壶
ቡምባ
水槽

ሽቓቕ

厕所

ሽቓቕ ኮፍ

蹲便器

በዴ

坐浴器

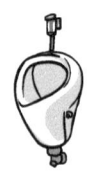

ሽቃቕ ተባዕታይ

小便池

ወረቐት ሽቓቕ

厕纸

ኣስባስላ ሽቓቕ

马桶刷

ኣስባስላ ስኒ

牙刷

ክረማ ስኒ

牙膏

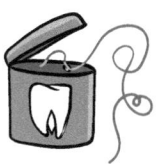

ሃሪ ስኒ

牙线

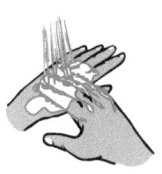

ሓጸበ

洗

ዱሽ ኢድ

手持式喷淋头

ዱሽ

冲洗器

ብርጭቆ ምሕጻብ

洗脸盆

ኣስባስላ ሕቖ

擦背刷

ሳምና

肥皂

ሻወር ጀል

沐浴露

ሻምፑ

洗发水

ጨርቂ መሕጸቢ

法兰绒

መውሓዚ

排水

ክረማ

乳霜

ደዮ ጨና

除臭剂

መስትያት

镜子

ናይ ኢድ መስትያት

手镜

መላጸ

剃须刀

ዓፍራ ምልጻይ

剃须泡沫

ጨና ድሕሪ ምልጻይ

须后水

መመሸጥ

梳子

ኣስባስላ

刷子

መንቐጺ ጸግሪ

吹风机

ስፕረይ ጸግሪ

喷发定型剂

መመላኽዒ

化妆品

ብርዒ ቀለም ከንፈር

唇膏

ኣዝማልቶ

指甲油

ጸምሪ ጡጥ

化妆棉

መስደዲ ጽፍሪ

指甲剪

ጨና

香水

40 ክፍሊ ባንዮ - 浴室

ሳንጣ መሕጸቢ

洗漱包

ድኳ

凳子

ሚዛን

计重秤

ክዳን መሕጸቢ

浴袍

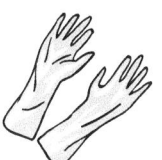

ጓንቲ መጸረዪ

橡胶手套

ታምፖን

卫生棉条

ጨርቂ ሰበይቲ

卫生巾

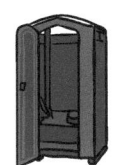

ሽቓቕ ከሚስትሪ

化学厕所

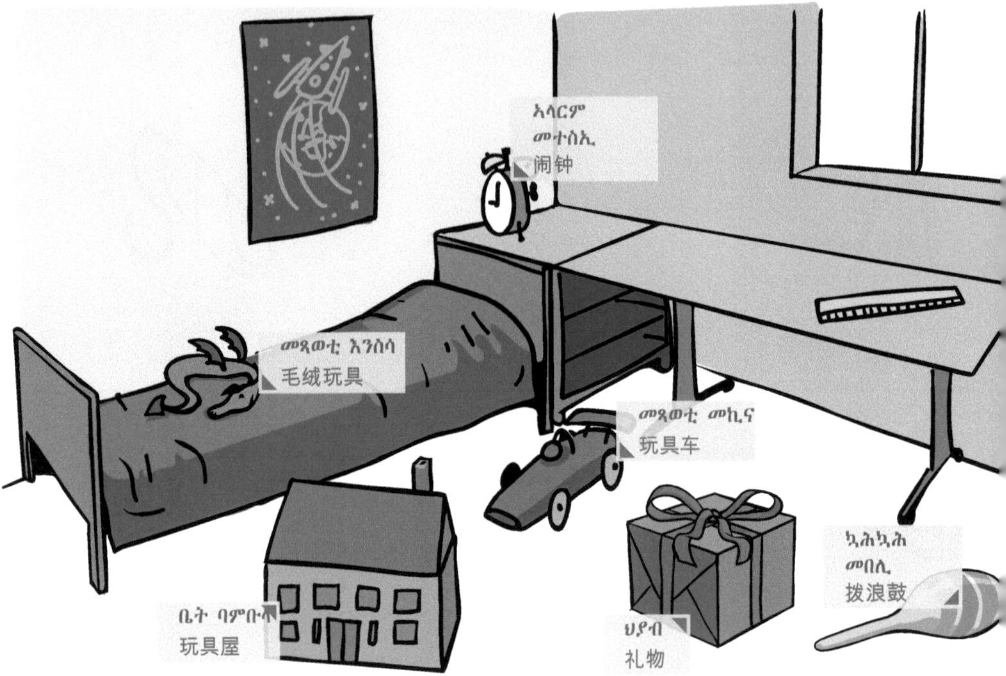

አላርም መተስእ
闹钟

መጻወቲ እንስሳ
毛绒玩具

መጻወቲ መኪና
玩具车

ቤት ባምቡ
玩具屋

ህያብ
礼物

ኊሕኊሕ መበሊ
拨浪鼓

ባላንቸና

气球

ዓራት

床

ሰረገላ ህጻን

（洋娃娃用）婴儿车

ጸወታ ካርታ

扑克牌

ሕንቅሊተይ

拼图

ኮሜዲ

漫画

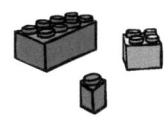

እምንታት መጻወቲ ለጎ

乐高积木

መጻወቲ እምንታት

积木玩具

በዓል አክቾን

玩具人

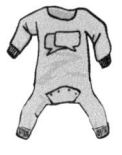

ክዳን ማማይ

婴儿服

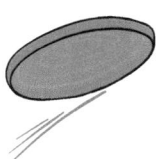

ፍሪስቢ

飞盘

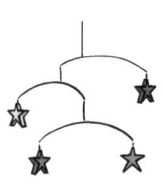

ሞባይል ማማይ

床铃玩具

ጸወታ ሰሌዳ

棋盘游戏

ኩቦ

骰子

ሞደል ባቡር ምድሪ

火车模型

ዓባስ

安抚奶嘴

ፓርቲ

聚会

መጽሓፍ ስእሊ

绘本

ኩዕሶ

球

ባምቡላ

洋娃娃

ተጻወተ

玩

መጻወቲ ሑጻ

沙坑

ሰላል

秋千

መጻወቲታት

玩具

ኮንሶል ቪድዮ

游戏机

መጻወቲ ሰለስተ መንኮርኮር

三轮车

ተዲ

泰迪熊

ከብሒ ክዳን

衣柜

ክዳን
衣服

ካልሲታት

袜子

ነዊሕ ካልሲታት

长袜

ስረ ካልሲ

紧身裤

ሻርባ
围巾

ጽላል
雨伞

ማልያ
T恤

ቁልፊ
皮带

ረፋዕ
靴子

ጫማ ገዝ
拖鞋

ስኒከርስ
运动鞋

ሸበጥ
凉鞋

ጫማ
鞋

ረፋዕ ጎማ
雨靴

ሙታንታ
内裤

ክዳን ጡብ
胸罩

ትሕተ ካሚቻ
背心

ቦዲ

身体

ስረ

裤子

ጂንስ

牛仔裤

ቀምሽ

短裙

ካምቻ

女式衬衫

ካሚቻ

衬衫

ጉልፎ

套头衫

ጎልፎ

卫衣

ጃኬት

西装夹克

ጃከት

夹克

ጁባ

外套

ክዳን ዝናብ

雨衣

ኮስቱም

套装

ቀምሽ

连衣裙

ቀምሽ መርዓ

婚纱

ልብሲ

西装

ካሚቻ ለይቲ

睡袍

ክዳን ለይቲ

睡衣

ሳሪ

莎丽

መሃረብ ርእሲ

头巾

ቱርባን

包头巾

ቡርካ

波卡

ካፍታን

卡夫坦

ኣባያ

(阿拉伯式)长袍

ክዳን መሕምበሲ

泳衣

ስረ መሕምበሲ

男式泳裤

ሓጺር ስረ

短裤

ክዳን ታዕሊም

运动服

በጃ ክዳን

围裙

ጓንቲ

手套

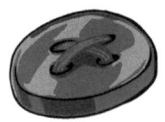

መልጎም

纽扣

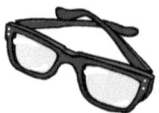

መነጽር

眼镜

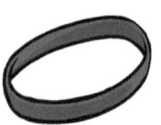

በንናጅር

手链

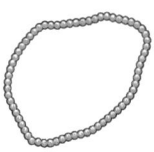

ማዕተብ

项链

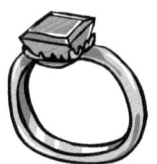

ቀለበት

戒指

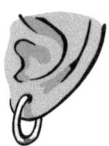

ኩትሻ

耳环

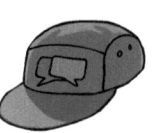

ቆብዕ

便帽

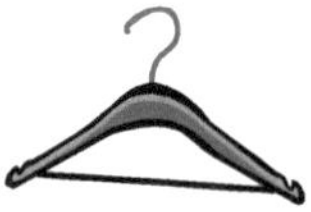

መንበሪ ጁባ

衣架

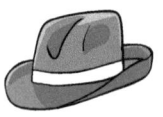

ባርኔጣ

帽子

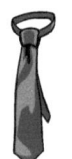

ካርራቫት

领带

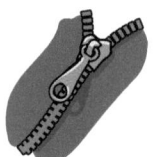

ሻርነጣ

拉链

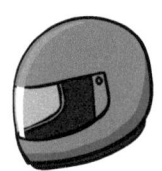

ሀልመት

头盔

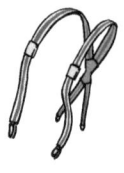

መድልደል ስረ

背带

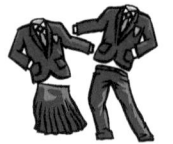

ድቢዛ ቤትትምህርቲ

校服

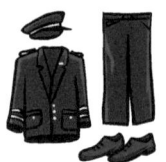

ድቢዛ

制服

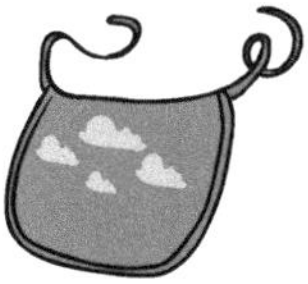

ሰደርያ ቆልዓ

围兜

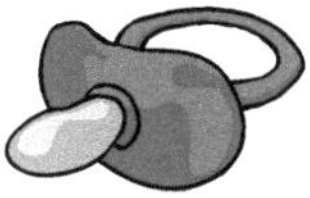

ዓባስ

安抚奶嘴

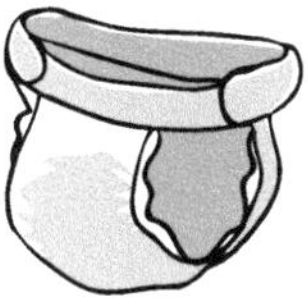

ጨርቂ ማማይ

尿不湿

ቤት ጽሕፈት

办公室

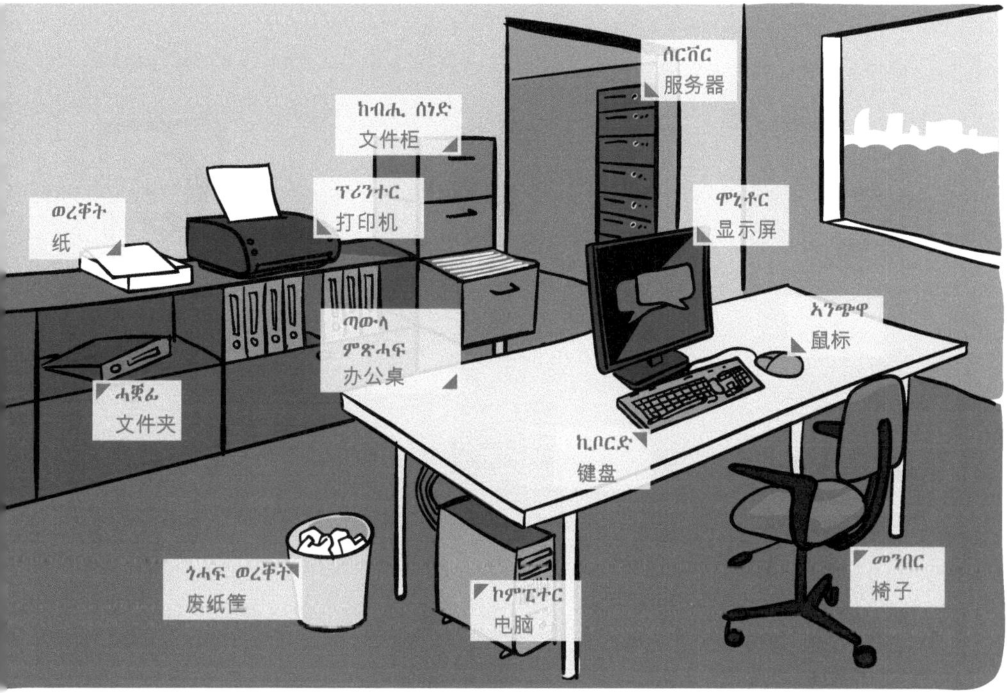
ሰርቨር
服务器
ክብሒ ሰነድ
文件柜
ፕሪንተር
打印机
ወረቐት
纸
ሞኒቶር
显示屏
ኣንጭዋ
鼠标
ጣውላ ምጽሓፍ
办公桌
ሓቛፊ
文件夹
ኪቦርድ
键盘
ጉሓፍ ወረቐት
废纸筐
ኮምፒተር
电脑
መንበር
椅子

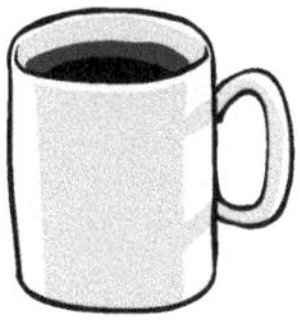

ብርጭቆ ቡን

咖啡杯

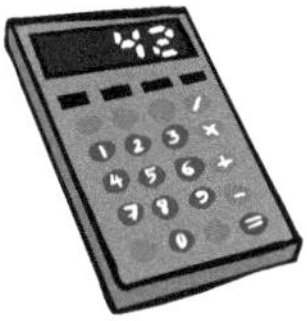

ካልኩለተር

计算器

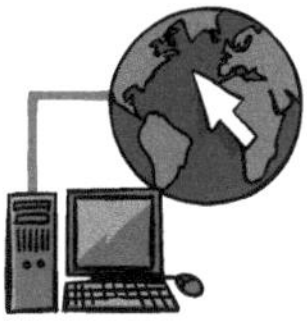

ኢንተርነት

因特网

ለፕቶፕ
....
笔记本电脑

ደብዳበ
....
信件

መልእኽቲ
....
消息

ሞባይል
....
手机

ነትወርክ/መርበብ
....
网络

መቅድሒ ፎቶኮፒ
....
复印机

ሶፍትዌር
....
软件

ተለፎን
....
电话

ሶከት ኣረንቲ
....
插座

ፋክስ
....
传真机

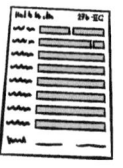

ፎርም
....
表格

ሰነድ
....
文件

ገዝአ

买

ክፈለ

付钱

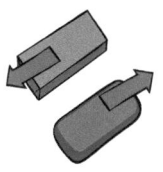

ንግዲ

交易

ገንዘብ

现金

ዶላር

美元

ኦይሮ

欧元

የን

日元

ሩበል

卢布

ስዊዝ ፍራንከን

瑞士法郎

ረንሚንቢ ዩዋን

人民币

ሩፒየ

卢比

መውጽኢ ማሺን ገንዘብ

提款处

ቦታ ቅያር ገንዘብ

外币兑换处

ወርቂ

金

ብሩር

银

ዘይቲ

石油

ሓይሊ

能源

ዋጋ

价格

ውዕል

合同

ቀረጽ

税金

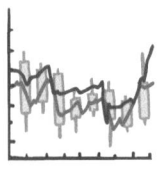

እኩብ ጥረ-ነገራት

股票

ስርሓ

工作

ሰራሕተኛ

职员

ኣስራሒ

老板

ትካል

工厂

ዱኳን

商店

በዓል ፖሊስ
警官

መጠፈኢ ሓዊ
消防员

መራሒ ነፋሪት
飞行员

ሓኪም
医生

ከሻኒ
厨师

ሰራሕተኛ ጀርዲን

园丁

ጸራቢ ዕንጸይቲ

木匠

ሰፋይት

裁缝

ፈራዳይ

法官

ቀማሚ

化学家

ተዋሳኢ

演员

መራሒ ኣዉቶቡስ

公交车司机

ኣውቲስታ ታክሲ

出租车司机

ገፋፊ ዓሳ

渔夫

ጸራጊት

清洁女工

ሃናጻይ ናሕሲ

屋顶工

ኣሰላፊ

服务员

ሃዳናይ

猎人

ሰኣላይ

画家

እንዳ ሕብስቲ

面包师

ኤለትሪከኛ

电工

ሃናጺ ኣባይቲ

建筑工人

ሃንዳሲ

工程师

ሰራሕተኛ እንዳ ስጋ

屠夫

ድራብሊኮ

水管工

ኣማላላሲ ፖስጣ

邮递员

ወተሃደር

士兵

መሃንድስ

建筑师

ተሓዝ ገንዘብ

收银员

ሰራሕተኛ ዕምባባ

花农

ቀም ቃማይ

理发师

ፈተሪኖ

售票员

መካኒክ

机械师

መራሒ መርከብ

船长

ሓኪም ስኒ

牙医

ተመራማሪ

科学家

ራቢ

拉比

ኢማም

伊玛目

ፈላሲ

和尚

ቀሺ

牧师

ናውቲ

工具

ሞደሻ
铁锤
钳子
ዘዋር መስኒ
螺丝刀
መፋትሕ
扳手
ላምፓዲና
手电筒

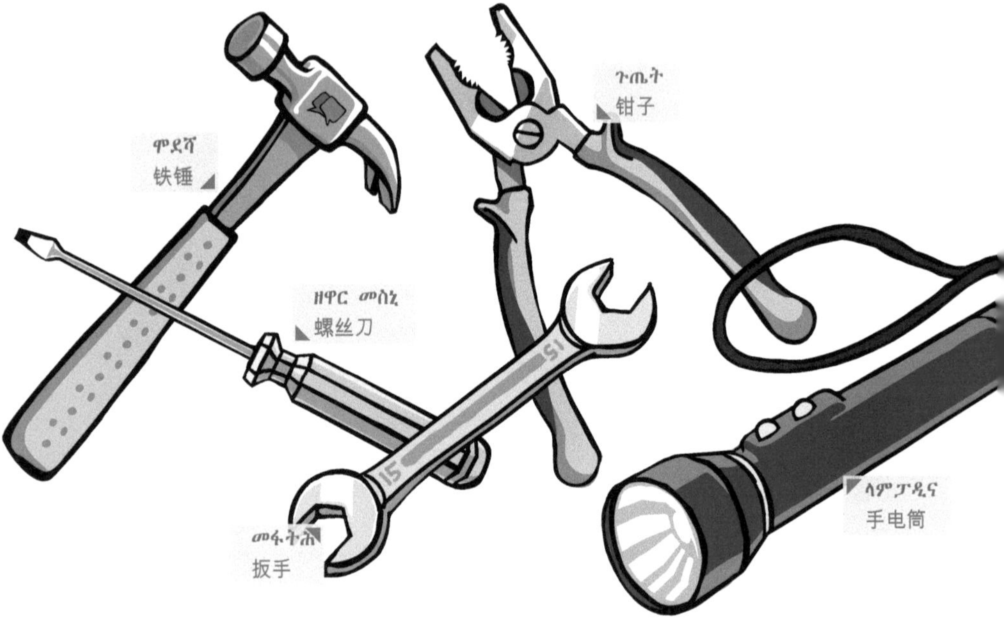

ፈሓሪ

挖掘机

ናውቲ ቦክስ

工具箱

መደያይቦ

梯子

መጋዝ

锯子

መስማር

钉子

ኰዓቲ

钻机

ምዕራይ

修

ባደላ

铲子

ኣይ!

靠！

መትሓዚ ጾሮና

簸箕

ድስቲ ቀለም

油漆桶

ካቻቢተ

螺丝

መሳርሒ ሙዚቃ

乐器

እስፒከር

扬声器

ከበሮታት

打击乐器

ረጕድ ዓባይ ጊታር

低音提琴

ትሮምፐት

小号

ጊታር

吉他

ፒያኖ

钢琴

ቪዮሊን

小提琴

ባስ ጊታር

贝斯

ቲምንኢ

定音鼓

ከቦሮ

鼓

ኦርጋን

电子琴

ሳክሶፎን

萨克斯管

ሻምብቆ

长笛

ሚክሮፎን

麦克风

መካነ እንስሳታት

动物园

老虎
入口
笼子
አድጊ በረኻ
斑马
መግቢ እንስሳ
动物饲料
ፓንዳ
熊猫

እንስሳታት

动物

ሓርማዝ

大象

ካንጋሩ

袋鼠

ሓሪሽ

犀牛

ጉሪላ

大猩猩

ድቢ

熊

ገመል

骆驼

ሰገን

鸵鸟

ኣንበሳ

狮子

ህበይ

猴子

ፍላሚንጎ

火烈鸟

ሕንጻይ

鹦鹉

ድቢ በረድ

北极熊

ፐንጉን

企鹅

ከልቢ ዓሳ

鲨鱼

ጣውስ

孔雀

ተመን

蛇

ሓርገጽ

鳄鱼

ሓላዊ ቤት ገርድሽ

动物园管理员

ዓሳ ዚምገብ እንስሳ ባሕሪ

海豹

ጃጓር

美洲豹

60 መካነ እንስሳታት - 动物园

ሓጺር ፈረስ

矮种马

ነብሪ

豹

ጉማረ

河马

ጂራፍ

长颈鹿

ሊላ

老鹰

መፍለስ

野猪

ዓሳ

鱼

ጎብየ

龟

ዋልሩስ

海象

ወኻርያ

狐狸

ሰስሓ

羚羊

ስፖርት

体育

ናይ ኣሜሪካ ኩዕሶ እግሪ
橄榄球
ምዝዋር ብሽግለታ
骑自行车
ተኒስ
网球
ባስከትባል
篮球
ምሕምባስ
游泳
ሆኪ በረድ
冰球
ቦክሲንግ
拳击

ኩዕሶ እግሪ

英式足球

ባድሚንቶን

羽毛球

እስፖርታዊ ንጥፈታት

田径

ኩዕሶ ኢድ

手球

ስኪ

滑雪

ፖሎ

马球

ነጠረ
跳
ደረፈ
唱
拥抱
笑
ከደ
走路
ሓለመ
做梦
ጸለየ
祈祷
ሰዓመ
亲吻

ጸሓፈ
书写

ሰኣለ
画

ኣርኣየ
展示

ደፍአ
推

ሃበ
给

ወሰደ
拿

አለወ

有

ገበረ

做

ኮነ

当

ጠጠው በለ

站

ጎየየ

跑

ሰሓበ

拉

ሰንደወ

扔

ወደቐ

摔倒

ሓሰወ

躺

ተጸበየ

等待

ሰከም

携带

ኮፍ በለ

坐

ተኸድነ

穿衣

ደቀሰ

睡觉

ተስአ

醒来

ረኣየ

看

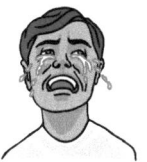

በኸየ

哭

ብኣጻብዑ ደረዘ

抚摸

መሸጠ

梳头

ተዛረበ

交谈

ተረድአ

明白

ሓተተ

问

ሰምዐ

听

ሰተየ

喝

በልዐ

吃

ኣቐመጠ

清理

ኣፍቀረ

爱

ከሸነ

做饭

ዘወረ

开车

ነፈረ

飞

ብመርከብ ገየሸ

航行

ደመረ

计算

ኣንበበ

读

ተመሃረ

学习

ሰርሐ

工作

መርዓወ

结婚

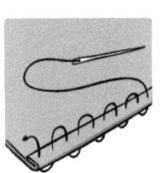

ሰፈየ

缝

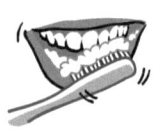

ጽሬት ኣስናን

刷牙

ቀተለ

杀

ሽጋራ ተከኸ

抽烟

ሰደደ

寄

ኅባየ
祖母 ▲

▼ አቦሓጎ
祖父

አቦ
父亲

አደ
▼ 母亲

ማማይ
婴童

ጓል
女儿

ወዲ
儿子

ጋሻ
客人

ሓትኖ
阿姨

አኮ
叔叔

ሓው
兄弟

ሓፍቲ
姐妹

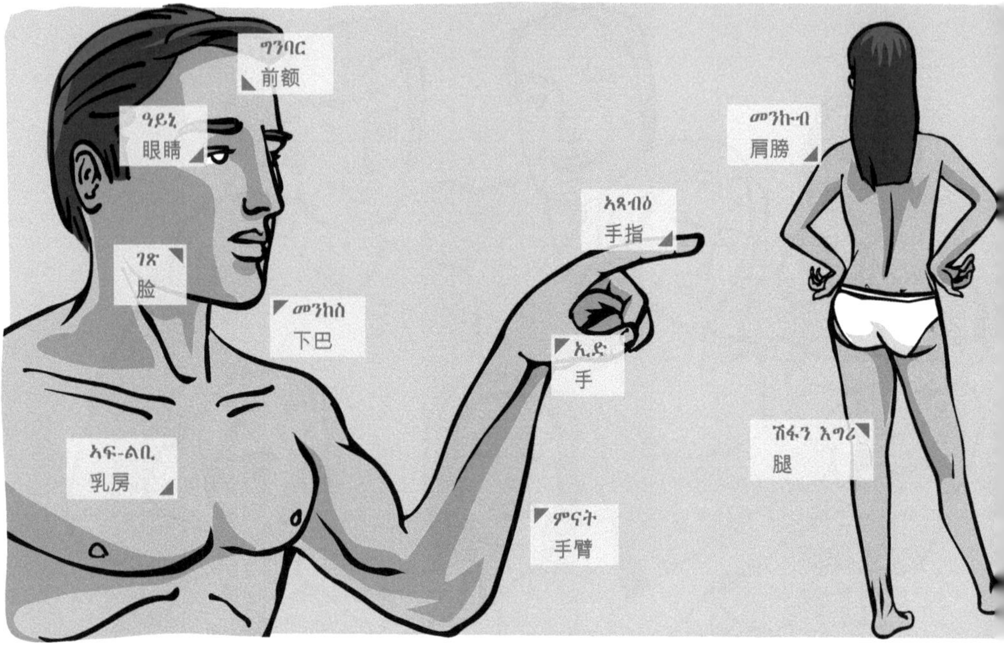

ኣካላት

身体

ግንባር
前额
ዓይኒ
眼睛
መንኩብ
肩膀
手指
ገጽ
脸
መንከስ
下巴
ኢድ
手
乳房
ሽፋን እግሪ
腿
ምናት
手臂

ማማይ

婴童

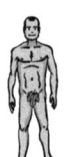

ሰብኣይ

男人

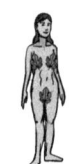

ሰበይቲ

女人

ጓል

女孩

ወዲ

男孩

ርእሲ

头

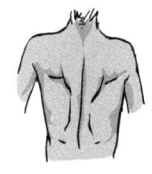

ሕቖ

背部

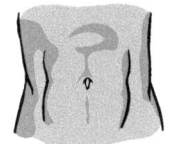

ከስዐ

肚子

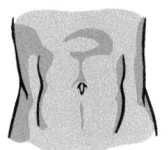

ሕምብርቲ

肚脐

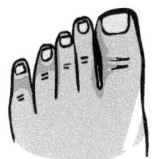

ኣጻብዕ እግሪ

脚趾

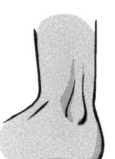

ኩርኹረ

脚后跟

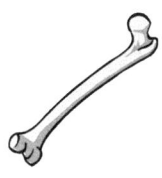

ዓጽሚ

骨头

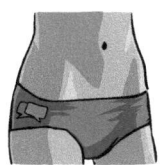

ምሕኮልቲ

臀部

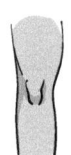

ብርኪ

膝盖

ፎግፎጐ

手肘

ኣፍንጫ

鼻子

መዓኮር

屁股

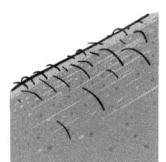

ቆርበት

皮肤

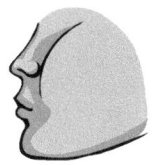

ምዕጉርቲ

脸颊

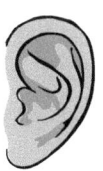

እዝኒ

耳朵

ከንፈር

嘴唇

አፍ
....
嘴

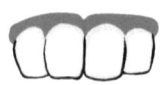

ስኒ
....
牙齿

መልሓስ
....
舌头

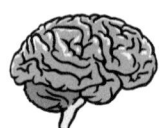

ሓንጎል
....
脑

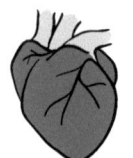

ልቢ
....
心脏

ጭዋዳ
....
肌肉

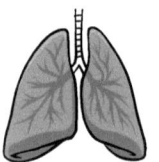

ሳንቡእ
....
肺

ጸላም ከብዲ
....
肝脏

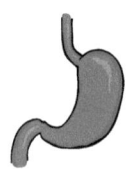

ከብዲ
....
胃

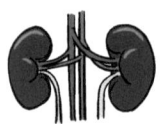

ኩሊት
....
肾脏

ግብረ ስጋ
....
性交

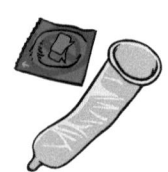

ኮንዶም
....
避孕套

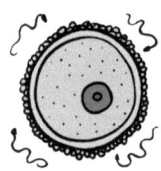

እንቋቑሖ
....
卵子

ዘርኢ ተባዕታይ
....
精子

ጥንሲ
....
怀孕

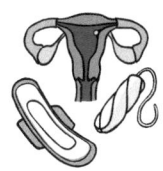

ጽግያት

月经

ርሕሚ

阴道

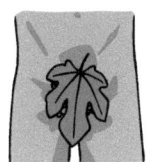

መትሎ

阴茎

ሽፋሽፍቲ

眉毛

ጸጉሪ

头发

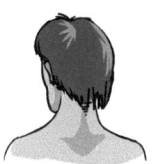

ክሳድ

脖子

ሆስፒታል
医院

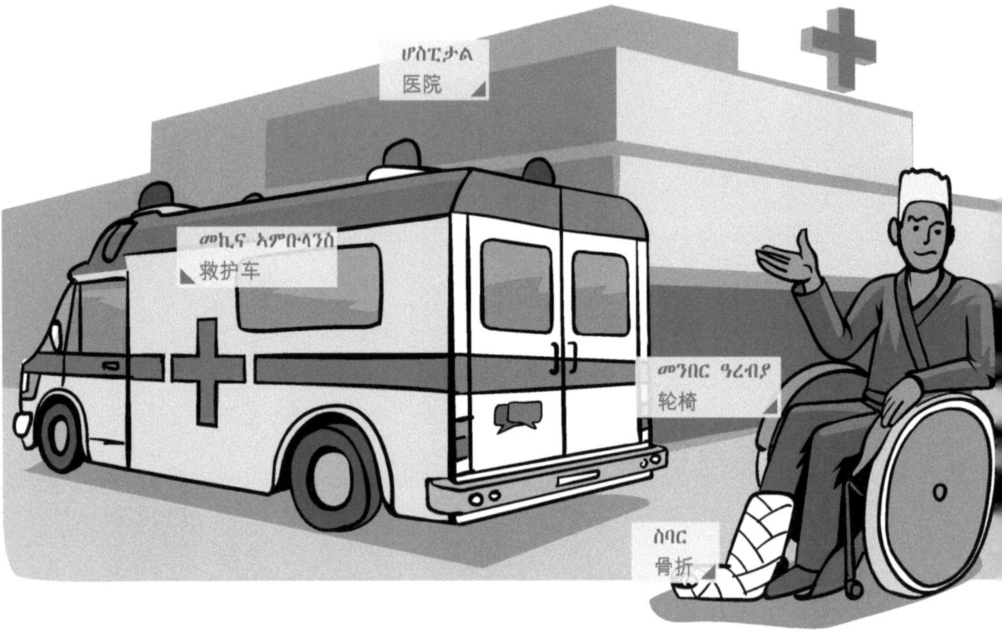

መኪና ኣምቡላንስ
救护车
መንበር ዓረብያ
轮椅
ስባር
骨折

ሓኪም

医生

ክፍሊ ህጹጽ ረድኤት

急诊室

ኣላይት

护士

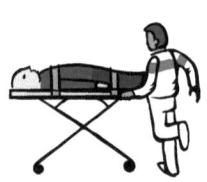

ህጹጽ ኩነት

紧急情况

ውነኡ ዘጥፍአ

昏迷

ቃንዛ

痛

ጉድኣት

受伤

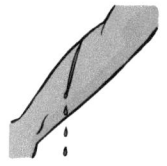

ደም

出血

ማህረምቲ

心脏病发作

ማህረምቲ

中风

ኣለርጂ

过敏

ሰዓል

咳嗽

ረስኒ

发烧

ኡንፍልወንዛ

流感

ውጽኣት

腹泻

ቃንዛ ርእሲ

头痛

መንሽሮ

癌症

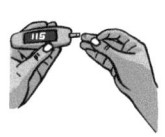

ሹኮርያ

糖尿病

ሓኪም መጥባሕቲ

外科医生

መጥብሒ

手术刀

መጥባሕቲ

手术

CT

CT

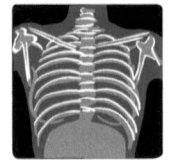

ራጂ

X光

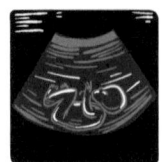

ልዕለ ድምጻዊ

超声波

መሸፈኒ ገጽ

口罩

ሕማም

疾病

ክፍሊ ምጽባይ

候诊室

ምርኩስ

拐杖

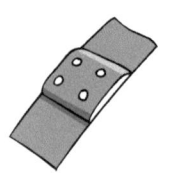

መጀነኒ ቆስሊ

石膏

መጀነኒ

绷带

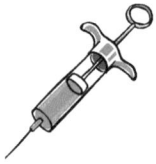

መርፍዕ ምውጋእ

注射

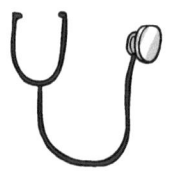

ስተቶስኮፕ

听诊器

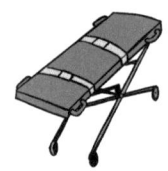

መሰከሚ ሕማም

担架

ቴርሞመተር

体温计

ትውልዲ

出生

ልዕለ-ሚዛን

超重

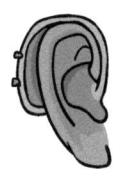

ሓገዝ ምስማዕ

助听器

ኣንጻሂ

消毒液

ለበዳ

感染

ቫይረስ

病毒

ኤድስ

艾滋病

ሕክምና

药物

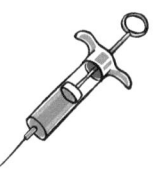

ክታበ

接种疫苗

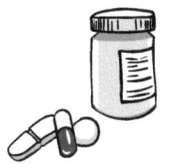

ከኒና

药片

ከኒና

药丸

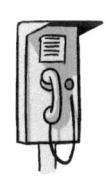

ህጹጽ ምድዋል

急救电话

መዕቀኒ ጸቕጢ ደም

血压计

ሕሙም / ጥዑይ

生病/健康

ህጹጽ ኩነት
紧急情况

ሓገዝ

救命！

ኣላርም

警报

ምህጃም

突击

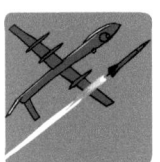

መጥቃዕቲ

攻击

ድንገት

危险

ህጹጽ መውጽኢ

紧急出口

ሓዊ!

着火啦！

መጥፍኢ ሓዊ

灭火器

ሓደጋ

意外

ሳንጣ ቀዳማይ ረድኤት

急救箱

SOS

呼救信号

ፖሊስ

警察

ኤውሮጳ

欧洲

ሰሜን ኣመሪካ

北美洲

ደቡብ ኣመሪካ

南美洲

ኣፍሪቃ

非洲

ኤስያ

亚洲

ኣውስትራልያ

澳洲

ኣትላንቲክ

大西洋

ፓሲፊክ

太平洋

ህንዳዊ ዉቕያኖስ

印度洋

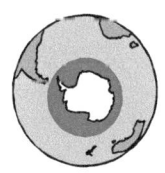

ኣንታርቲካዊ ዉቕያኖስ

南冰洋

ኣርክቲካዊ ዉቕያኖስ

北冰洋

ሰሜናዊ ዋልታ

北极

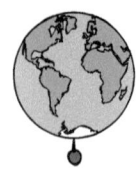

ደቡባዊ ዋልታ

南极

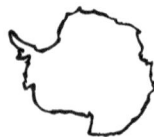

ኣንታርቲካ

南极洲

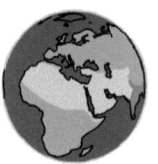

ምድሪ

地球

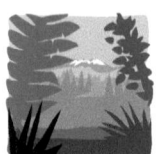

መሬት

陆地

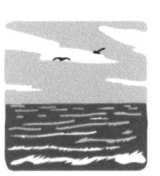

ባሕሪ

海

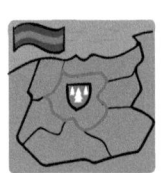

ደሴት

岛

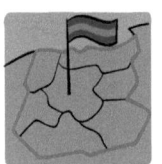

ሃገር

国家

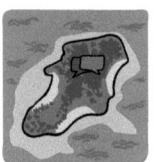

ዓዲ

国家

ሰዓት
钟表

ገጽ ሰዓት

钟面

ኣመልካቲ ሰዓታት

时针

ኣመልካቲ ደቓይቕ

分针

ኣመልካቲ ካልኢት

秒针

ሰዓት ክንደይ ኣሎ?

现在几点？

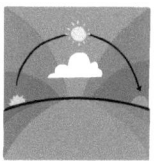

መዓልቲ

天

ግዜ

时间

ሕጂ

现在

ዲጂታል ሰዓት

电子表

ደቒቕ

分

ሰዓት

时

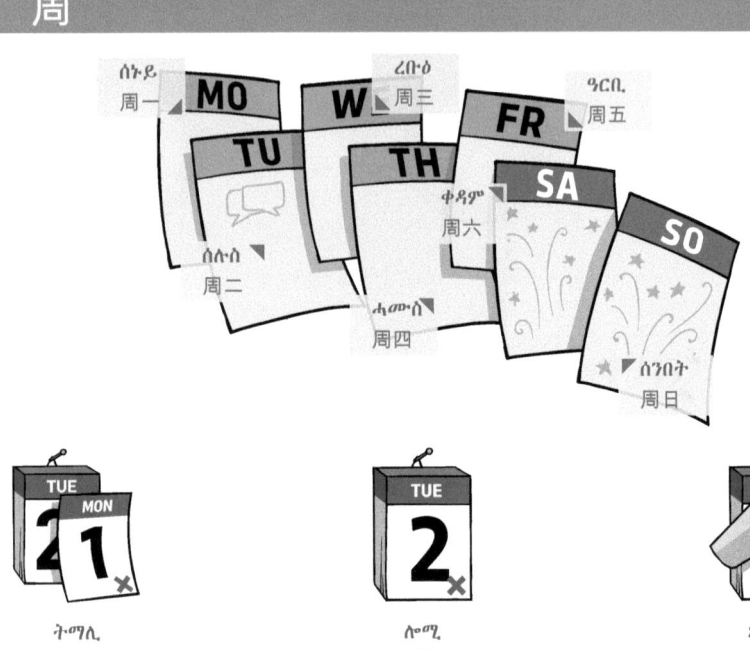

ሰሙን

周

MO
TU
ሰሉስ
周二
W
ረቡዕ
周三
TH
ሓሙስ
周四
FR
ዓርቢ
周五
SA
ቀዳም
周六
SO
ሰንበት
周日

ትማሊ

昨天

ሎሚ

今天

ጽባሕ

明天

ንጉሆ

早晨

ቀትሪ

中午

ምሸት

晚上

መዓልታት ስራሕ

工作日

መወዳእታ ሰሙን

周末

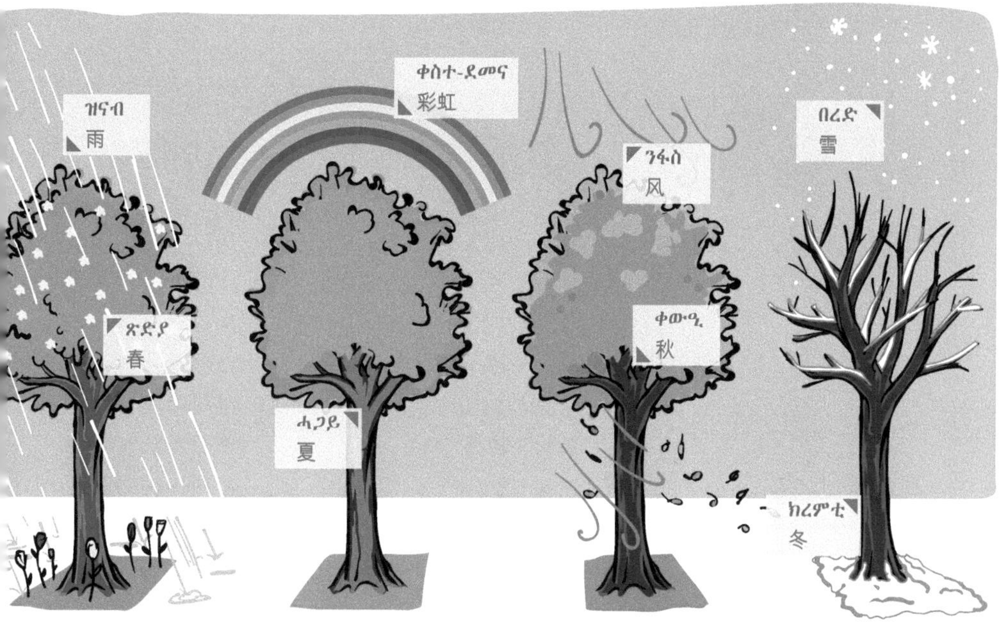

ዝናብ
雨

ቀስተ-ደመና
彩虹

በረድ
雪

ጸደይ
春

ንፋስ
风

ክረምቲ
冬

ሓጋይ
夏

ቀውዒ
秋

ትንቢት ኩነታት ኣየር

天气预报

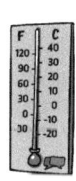

ቴርሞመተር

温度计

ብርሃን ጸሓይ

阳光

ደበና

云

ግመ

雾

ጠሊ

潮湿

ብርቂ

闪电

ነጐዳ

打雷

ህቦብላ

风暴

በረድ

冰雹

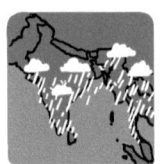

ብርቱዕ ህቦብላ

季风

ውሕጅ

洪水

በረድ

冰

ጥሪ

一月

ለካቲት

二月

መጋቢት

三月

ሚያዝያ

四月

ጉንበት

五月

ሰነ

六月

ሓምለ

七月

ነሓሰ

八月

መስከረም

九月

ጥቅምቲ

十月

ሕዳር

十一月

ታሕሳስ

十二月

ቅርጽታት

形状

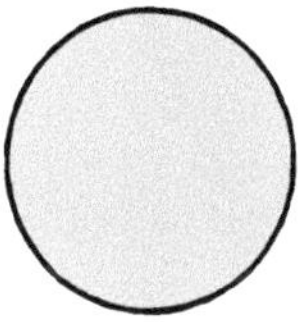

ዙርያ

圆形

ትርብዒት

正方形

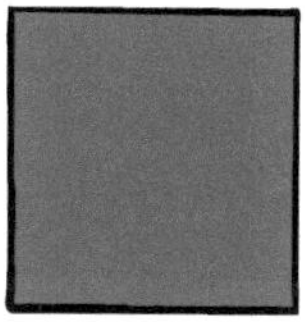

ቅኑዕ ርቡዕ ኹርናዕ

长方形

ስሉስ ኩርናዕ

三角形

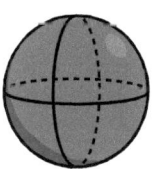

ክቢ

球体

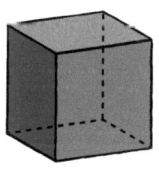

ኩቦ

立方体

ሕብርታት

颜色

ጻዕዳ

白

ብጫ

黄

ኣራንሺ

橙

ፒንክ

粉

ቀይሕ

红

ጁኽ

紫

ሰማያዊ

蓝

ቀጠልያ

绿

ቡናዊ

棕

ሓሙኽሽታይ

灰

ጸሊም

黑

ኣንጻራት
反义词

ብዙሕ / ውሑድ

....

很多/少许

ሕሩቕ / ሰላማዊ

....

生气/平静

ጽቡቕ / ክፉእ

....

美/丑

መጀመርያ / መወዳእታ

....

首/尾

ዓቢ / ንእሽቶ

....

大/小

ብሩህ / ጸልማት

....

明/暗

ሓው / ሓፍቲ

....

兄弟/姐妹

ጽሩይ / ርሳሕ

....

干净/肮脏

ምሉእ / ዘይምሉእ

....

完整/缺失

መዓልቲ / ለይቲ

....

白天/晚上

ሙዉት / ህልው

....

死/生

ሰፊሕ / ጸቢብ

....

宽/窄

ደስ ዘበል / ደስ ዘይብል

可食用/非食用

እኩይ / ህያዋይ

邪恶/善良

ርቡጽ / ስልኩይ

兴奋/无聊

ረጒድ / ቀጢን

胖/瘦

ቀዳማይ / ናይ መወዳእታ

第一/最后

ዓርኪ / ጸላኢ

朋友/敌人

ምሉእ / ባዶ

满/空

ተሪር / ልስሉስ

硬/软

ከቢድ / ፈኩስ

重/轻

ጥምየት / ጽምየት

饿/渴

ሕሙም / ጥዑይ

生病/健康

ዘይሕጋዊ / ሕጋዊ

非法/合法

መስተውዓሊ / ስዲ

聪明/愚笨

ጸጋም / የማን

左/右

ቐረባ / ርሑቕ

近/远

ሓዲሽ / ብሉይ

新/旧

ዋላ ሓደ / ገለ

没有/有些

ዓቢ/ኣረጊት / መንእሰይ

老/幼

ወልዕ / ኣጥፍእ

开/关

ክፉት / ዕጹው

打开/合上

ህዱእ / ዓው

安静/吵闹

ሃብታም / ድኻ

富/穷

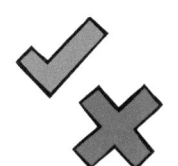

ቅኑዕ / ግጉይ

对/错

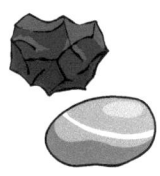

ሓርፋፍ / ልሙጽ

粗糙/光滑

ጉሁይ / ሕጉስ

伤心/高兴

ሓጺር / ነዊሕ

短/长

ቀስ / ቅልጡፍ

慢/快

ጥሉል / ንቑጽ

湿/干

ምዉቕ / ዝሑል

温暖/凉爽

ውግእ / ሰላም

战争/和平

ኣንጻራት - 反义词

ቁጽርታት

数字

0

ዜሮ

零

1

ሓደ

一

2

ክልተ

二

3

ሰለስተ

三

4

ኣርባዕተ

四

5

ሓሙሽተ

五

6

ሽዱሽተ

六

7

ሸውዓተ

七

8

ሸሞንተ

八

9

ትሽዓተ

九

10

ዓሰርተ

十

11

ዓሰርተ ሓደ

十一

12

ዓሰርተ ክልተ

十二

13

ዓሰርተ ሰለስተ

十三

14

ዓሰርተ ኣርባዕተ

十四

15

ዓሰርተ ሓሙሽተ

十五

16

ዓሰርተ ሽዱሽተ

十六

17

ዓሰርተ ሸውዓተ

十七

18

ዓሰርተ ሸሞንተ

十八

19

ዓሰርተ ትሽዓተ

十九

20

ዕስራ

二十

100

ሚእቲ

百

1.000

ሽሕ

千

1.000.000

ሚልዮን

百万

ቋንቋታት
语言

እንግሊዝኛ
英语

ኣመሪካዊ እንግሊዛዊ
美式英语

ቻይናዊ ማንዳሪን
普通话

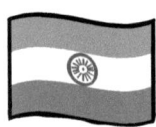

ሂንዳዊ
印地语

እስጳኛዊ
西班牙语

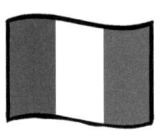

ፈረንሳዊ
法语

ዓረባዊ
阿拉伯语

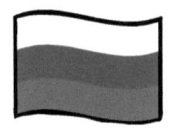

ሩሲያዊ
俄语

ፖርቱጋላዊ
葡萄牙语

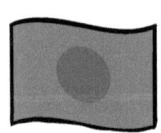

በንጋሊ
孟加拉语

ጀርመናዊ
德语

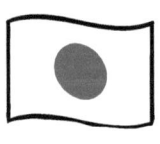

ጃፓናዊ
日语

መን / እንታይ / ከመይ

谁/什么/怎样

ኣነ

我

ንስኻ/ኺ

你

ንሱ / ንሳ / ንሱ

他/她/它

ንሕና

我们

ንስኻ

你们

ንሳቶም

他们

መን?

谁？

እንታይ?

什么？

ከመይ?

怎样？

ኣበይ?

哪里？

መዓስ?

什么时候？

ሽም

名字

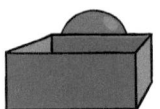

ኣበይ

方位

ድሕሪ

后面

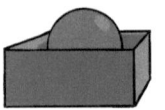

ኣብ

里面

ኣብ ቅድሚ

前面

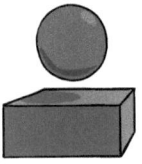

ኣብ ላዕሊ

上方

ኣብ ልዕሊ

上面

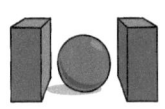

ትሕቲ ምድሪ

下面

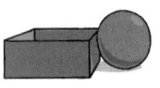

ኣብ ጥቓ

旁边

ኣብ መንጎ

中间

ቦታ

地点